VOYAGE DE PARIS EN 1782

EXTRAIT DE LA
Revue de Bretagne, de Vendée et d'Anjou.

COMTE L. REMACLE

VOYAGE DE PARIS

EN 1782

JOURNAL D'UN GENTILHOMME BRETON

VANNES

IMPRIMERIE LAFOLYE

1900

AVANT-PROPOS

Deux ménages aisés quittant leur petite ville de province pour venir de compagnie passer un mois à Paris, cela n'a rien aujourd'hui que de très ordinaire. Il n'en allait pas ainsi au siècle dernier. Les habitudes étaient casanières, les voyages lents et coûteux. Le nombre de ceux qui affrontaient la fatigue et la dépense d'un long déplacement était très restreint. Pour un Breton ou un Provençal, avoir fait le voyage de Paris était un exploit qui suffisait à illustrer son auteur et dont le récit, avidement écouté, remplissait les entretiens et les trop longs loisirs de la province.

C'est sans doute pour s'épargner la peine de recommencer trop souvent la narration des incidents de son voyage, que l'auteur de la relation que nous offrons au public a rédigé ce journal. L'état du manuscrit original qu'un hasard obligeant a mis en notre possession semble indiquer qu'il a circulé en de nombreuses mains. On ne trouvera dans cet opuscule ni considérations politiques, ni dissertations économiques. Le narrateur se borne à raconter très simplement ce qui lui est arrivé et à décrire sommairement ce qu'il a vu. Tel qu'il est, son récit mérite pourtant de retenir un instant notre attention. Il nous apprend comment on voyageait il y a cent ans, ce qu'il en coûtait, quelles distractions les provinciaux trouvaient à Paris, et nous fournit ainsi matière à de curieuses comparaisons avec le temps présent. L'absence de toute prétention littéraire ou scientifique dans la rédaction garantit la sincérité de l'auteur et la condition de fortune moyenne des voyageurs prête à ce qui les touche un intérêt plus général que ne le ferait une condition plus relevée. Ils sont *tout le monde* ; ils voyagent comme tout le monde, et c'est pourquoi leurs actions peuvent intéresser tous ceux (et Dieu sait si le nombre en est grand) qui voyagent de même aujourd'hui.

Cte L. REMACLE.

VOYAGE DE PARIS EN 1782

Journal d'un gentilhomme breton

Du dimanche 9 juin 1782.

Ce voyage, que nous avons concerté sous l'étendard de l'amitié, M. le chevalier de Kerpoisson[1], Mme de Kerpoisson, Mme de Rouaud[2] et moi, s'est commencé le 9 juin que ma femme et moi sommes partis de Guérande[3] pour Montoir. Le 14, M. et Mme de Kerpoisson sont venus nous y rejoindre ; le même jour, au soir, nous sommes partis pour Donges[4] ; le lendemain nous avons passé la soirée à Paimbœuf[5] et nous sommes arrivés à Nantes. Nous y sommes descendus à l'hôtel Saint-Julien où, ayant loué une chaise de poste à quatre places, à raison de cent dix livres, pour faire le voyage de Paris, nous en sommes partis le dimanche 16, à une heure après-midi, et avons fait notre route comme suit.

> *Extrait, jour par jour, de tout ce qui a pu nous intéresser,*
> *jusqu'à notre retour à Guérande.*

Du dimanche 16 juin 1782.

Je vous ai promis, mon cher ami, la relation fidèle d'un petit voyage, que le dessein de m'instruire et de procurer de la satisfaction à ma femme que je chéris, m'a fait seul entreprendre, ayant

---

[1] La filiation des Kerpoisson remonte à 1559. Ils sont qualifiés écuyers, seigneurs de Keralan. L'arrêt de réformation de 1668 les mentionne. Ils figurent sur l'*Armorial général de France* (Bretagne II. 860) comme résidant à Guérande et portent *d'or au lion de gueules.*

[2] Les Rouaud sont qualifiés seigneurs de Tréguel dans l'*Armorial général* (Bretagne, I. 490). Leur filiation est établie jusqu'en 1447. Un arrêt de réformation de 1669 les maintient dans l'état de la noblesse. Armes : *d'argent à six coquilles de gueules, trois, deux, une.*

[3] De Guérande à Montoir 20 kilomètres.

[4] De Montoir à Donges 5 kil., de Donges à Paimbœuf, traversée de la Loire 3 kil.

[5] De Paimbœuf à Nantes 40 kil.

abandonné nos deux chers enfants aux soins d'une mère septuagénaire et infirme depuis deux ans.

Voulant suivre, pas à pas. les différents objets qui nous ont intéressés et ne rien laisser ignorer pour les débuts de notre voyage, je commence à Nantes, d'où nous sommes partis à une heure de l'après-midi, pour nous rendre à Ancenis : nous y avons couché[1]. Nous avons observé sur la route la tour d'Oudon, ancien bâtiment des Druides[2] ; cette tour, située sur le bord de la Loire, est remarquable par sa hauteur ; c'est aujourd'hui son seul mérite.

A Ancenis, petite ville de notre province, nous avons visité la mère de mon beau-frère, femme octogénaire, conservant encore tout le jugement et toute l'honnêteté d'une femme dans la fleur de son âge. Nous nous sommes rendus au collège, y voir un enfant de mon beau-frère. Le principal de cette maison nous en a fait parcourir les jardins et les terrasses. Cet établissement est bien fait pour consacrer à la postérité la bienfaisance de M. le duc de Charrcst[3], seigneur de la ville et fondateur de son collège. J'ai revu avec plaisir cette petite ville, où j'avais agréablement passé six semaines en 1705, à la noce de Mlle Morin qui a épousé M. Raoul des Férières.

Je vous laisse, cher ami, et vous rendrai compte de la journée de demain.

Du lundi 17 juin 1782.

Partis ce matin pour Angers, nous y sommes arrivés d'assez bonne heure. dans l'intention d'y séjourner. Nos projets ont été contrariés par le voyage de M. et de Mme la comtesse du Nord[4] qui y étaient attendus le lendemain au soir et pour lesquels on avait arrêté tout l'hôtel où nous étions descendus[5]. Forcés d'ailleurs d'en partir le

---

[1] De Nantes à Oudon 24 kil , d'Oudon à Ancenis 9 kil.

[2] Hérésie archéologique du narrateur. Les Druides n'ont laissé aucun monument de ce genre. La tour d'Oudon est un donjon octogonal de la fin IX⁰ siècle.

[3] Armand Joseph de Béthune, duc de Charron, célèbre philantrope qui avait aboli, de son propre mouvement, avant 1789 les droits seigneuriaux sur ses terres.

[4] Du vivant de sa mère, l'impératrice Catherine II, Paul Ier, plus tard empereur de Russie, fit un voyage en Europe, avec sa femme, princesse de Wurtemberg sous le nom de comte du Nord. C'est ainsi qu'il visita la France en 1782.

[5] D'Ancenis à Angers, 55 kil.

lendemain, dans la crainte de manquer de chevaux de poste qui, sur toute la route, avaient été envoyés en relais pour le passage de ce seigneur, nous avons profité de notre court séjour pour visiter la ville, qui n'offre rien d'intéressant que ses vastes mails qui s'étendent sur un terrain irrégulier dont on a su tirer tout le parti possible. Ces promenades sont couvertes et si bien conduites qu'elles sont impénétrables aux rayons de soleil. Une belle place d'armes se trouve à l'est de la ville ; les régiments de cavalerie de la garnison y font leurs évolutions.

Nous avons également visité l'académie[1], sous la conduite de M. de Pignerol. Cette maison royale fournit aux jeunes élèves tous les moyens possibles pour se former dans l'art de l'équitation. Elle est particulièrement fréquentée, en temps de paix, par des mylords anglais dont les armes sont rangées par tableaux dans un manège couvert très vaste ; les écuries, fort grandes, sont garnies de chevaux tout dressés au manège.

Nous quittons sans regret, cher ami, cette ville, dans l'espoir d'objets plus agréables et plus intéressants ; mais, comme je ne vous perds pas de vue, nous voyagerons toujours avec vous.

Du mardi 18 juin 1782.

Nous avons quitté Angers, sans regarder derrière nous ; nos désirs devancent la marche de nos chevaux. Nous sommes arrivés à Durtal, petit bourg dominé par une hauteur où l'on voit un vieux château, et de là à la Flèche, assez jolie ville quoique petite[4].

Nous nous sommes rendus de bonne heure au collège, vaste bâtiment dont les dehors sont charmants. Concédé par Henri IV aux Jésuites en 1604, ce collège a passé en 1762, lors de la dissolution, à l'école militaire et en 1776 il a été donné aux prêtres doctrinaires[3]. Cent quatre vingt mille livres de rentes y sont

---

[1] C'est ainsi que l'on désignait autrefois les institutions dans lesquelles les jeunes gens se formaient aux exercices corporels, et notamment à l'équitation.

[2] D'Angers à Durtal 34 kilom., de Durtal à la Flèche 15 kilomètres.

[3] Le collège de la Flèche fut affecté, en 1776, à une école militaire et à une école ecclésiastique, sous la direction des Pères de la doctrine chrétienne. Supprimé en 1793, il fut rétabli en 1808 et devint le Prytanée militaire. Son affectation n'a pas changé depuis lors.

affectées. Le roy y place cent cinquante jeunes élèves qui trouvent, à leur sortie, et après le compte qu'ils ont à rendre de leur éducation, des lieutenances dans les régiments ou sont envoyés dans les séminaires, quand ils ont le goût de l'état ecclésiastique.

Le parc de cette maison, séparé par différents murs, est distribué de manière que les élèves ont un quartier à part pour leurs récréations et les professeurs un autre quartier pour leurs promenades ; le reste sert d'ornement. Deux lavoirs couverts et installés à grands frais sont très curieux à visiter ; un château d'eau fait remonter les eaux dans un bassin au-dessus d'une galerie et les distribue dans toutes les cours, cuisines et appartements communs, par des canaux soigneusement entretenus. L'infirmerie, séparée du reste des bâtiments, est confiée à des sœurs et très proprement entretenue ; elle fournit aux jeunes élèves tous les secours dans leurs incommodités. Les élèves étrangers paient 700 livres et sont entretenus de tout.

Du mercredi 19 juin 1782.

Nous sommes partis ce matin de la Flèche, par un ciel fort serein ; dans le courant de la journée, nous avons éprouvé une chaleur excessive. Obligés de nous reposer quelques heures à Guécelard, nous avons continué notre route par le Mans qui n'a rien de curieux. Une petite querelle, survenue à la poste, parce qu'on voulait changer notre, route, nous a déterminés à ne nous y point arrêter.

Remontés en voiture, nous nous sommes rendus à Connéré[1], par un chemin très ennuyeux et en traversant des campagnes isolées ; quatre lieues de sables ont ralenti notre marche. Cette route, nouvellement ouverte à la sollicitation de M. l'évêque du Mans[2], n'est point encore achevée ; elle sera la plus courte et la plus fréquentée, mais il faut encore dix-huit mois pour la finir.

Arrivés un peu tard à la poste de Connéré et nos dames un peu fatiguées de la route, nous avons été forcés de prendre gîte dans

---

[1] De la Flèche à Guécelard 20 k., de Guécelard au Mans 11 k., du Mans à Connéré 24 kilom.

[2] François-Gaspard de Jouffroy, transféré de l'évêché de Gap à celui du Mans qu'il occupa jusqu'en 1791, époque où il émigra en Angleterre.

une mauvaise auberge, la seule de ce bourg et que tous les voyageurs tâchent d'éviter. Il fallait, cher ami, ce petit incident qui ne sera peut-être pas le dernier, pour établir la comparaison de l'aisance que nous avons quittée et des commodités que nous nous procurerons à Paris, avec les situations d'un séjour où l'on manque absolument de tout.

Demain, choses nouvelles. Je vous quitte pour rêver fort mal à mon aise.

Du jeudi 20 juin 1782.

Nous avons oublié Connéré et son mauvais gîte. La journée nous promet des objets plus satisfaisants à la vue; les campagnes les plus riantes paraissent suivre notre marche. Arrivés à la Ferté-Bernard, les chevaux nous ont manqué. Obligés d'y passer quatre heures, nous avons profité de ce moment pour nous rafraîchir.

Continuant notre route et encore arrêtés à Nogent-le-Rotrou par la même cause, nous n'avons pu joindre que Mont-Landon, lieu fort désagréable où nous avons été obligés de coucher dans une auberge détestable, la seule du lieu.[1] Je ne conseillerai jamais, mon cher ami, à des voyageurs de s'arrêter dans ces mauvais cabarets où on paye le double le désagrément de n'avoir rien à se servir, de manquer de tout et de n'y pouvoir reposer. Comme il faut des ombres au tableau, cette journée en sera une à l'agréable voyage que nous entreprenons et nous mettra dans le cas de comparer les jours riants que nous nous promettons à Paris, avec ceux qui nous ont donné tout le loisir de réfléchir aux désagréments de la route.

Du vendredi 21 juin 178.

Cette journée, cher ami, doit nous avoir considérablement rapprochés de Paris, par la course que nous avons faite.

A dix heures ce matin, nous avons aperçu les clochers de Chartres où nous nous sommes arrêtés deux heures pour voir la cathédrale. Ce superbe vaisseau mérite bien d'être visité ; le portail en

---

[1] De Connéré à la Ferté-Bernard 17 k. La Ferté-Bernard à Nogent-le-Rotrou 21 k. Nogent-le-Rotrou à Montlandon 12 k.

est magnifique, la nef très vaste ; le contour du chœur (où sont attachés 76 chanoines) est garni de figures de l'Ancien Testament, séparées par des pilastres décorés avec richesse. Sous l'église il y en a une seconde tout aussi vaste ; on n'y peut aller sans lumière. Elle est toute voûtée et m'a paru, malgré les fables que l'on débite[1], être l'ancienne église sur laquelle, en raison de l'élévation des pavés des rues, on a été obligé d'en construire une autre. Dans l'église supérieure et au milieu est un rond figuré, sur lequel marchant on fait une lieue.

Sur la route nous avons trouvé Maintenon et son beau château[2]. De là, passant par Rambouillet, nous nous sommes arrêtés au château appartenant à M. le duc de Penthièvre[3]. Nous avons parcouru tout l'intérieur et examiné l'élégance et le goût des appartements. L'un d'eux est réservé au roy qui n'y est jamais venu, du reste ; celui de M. le duc et de Mme la duchesse de Chartres[4] est de toute magnificence ; celui de M. le duc de Penthièvre est au-dessus : nous y avons vu, dans un cabinet, le portrait de feu Mme la duchesse[5].

Le château a un grand corps de logis, deux pavillons et au milieu une immense cour carrée; en dehors les bosquets, les charmilles, les tilleuls forment des allées à perte de vue taillées en éventails : les pièces d'eau sont magnifiques. Le château est situé dans un parc qui a cinq lieues de tour, tout planté d'arbres en alignements et garni de gibier, principalement de perdrix si familières qu'elles ont peine à sortir d'entre les jambes des chevaux. Nous avons été coucher à Trappes[6].

[1] D'après la tradition, l'origine de cette crypte serait une grotte druidique où les Celtes célébraient les mystères de la vierge qui doit enfanter, la *virgo paritura* des anciennes chroniques.

[2] Appartenait dès lors et appartient encore aujourd'hui à la famille de Noailles.

[3] Après avoir appartenu à la famille d'Angennes, le château de Rambouillet avait été acheté par Louis XIV pour le comte de Toulouse qui le légua à son fils, le duc de Penthièvre. Celui-ci le vendit au roi Louis XVI qui le réunit au domaine de la couronne.

[4] Louise-Marie-Adélaïde, fille du duc de Penthièvre, avait épousé le duc de Chartres, plus tard Philippe-Egalité.

[5] Princesse de la maison d'Este.

[6] Montlandon à Chartres 49 k. Chartres à Maintenon 19, Maintenon à Rambouillet 21, Rambouillet à Trappes 20.

Du samedi 22 juin 1782

On nous assura à Trappes que le roi allait y passer pour gagner Saint-Hubert, rendez-vous de la chasse du jour. Le désir, cher ami, de voir ce monarque, le premier de l'Europe et notre souverain bienfaisant, nous fit nous y arrêter jusqu'à onze heures que nous en partîmes, sans l'avoir vu, pour nous rendre à Versailles, où notre surprise et notre admiration surpassèrent nos idées. Nous cotoyâmes ce superbe château du côté de l'orangerie et, rendus devant la cour, nous apprîmes que le roy allait monter en voiture ; nous mîmes pied à terre et traversant les cours, au milieu des gardes françaises et des cent suisses, nous approchâmes le plus près possible d'une voiture dont le détail est inutile à rapporter quand on sait que c'est celle du roy[1].

Nous eûmes la satisfaction de voir le monarque monter en voiture, accompagné de Monsieur[2] et de quatre autres seigneurs ; suivaient deux autres voitures, celles de M. et Mme la duchesse de Chartres, qui traversèrent avec tant de vitesse les cours du château, que nous les perdîmes bientôt de vue.

Nous avons repris le chemin de Paris, et sur la route, nous avons observé des bâtiments magnifiques : Saint-Cloud, Sèvres, et tout le long de la route, de superbes édifices avec des terrasses que l'art et la nature ont ornées à l'envi. Ayant traversé la place Victoire, nous nous sommes rendus à l'hôtel de Beauvais, rue des Vieux-Augustins[3] où, ayant déposé nos dames, nous avons été arrêter un appartement fort honnête, hôtel et rue de Richelieu, à raison de six louis par mois.

Nous y avons transféré nos dames et nous nous sommes reposés des fatigues de la route.

Nous voilà donc, cher ami, au lieu où nous aspirions. Chaque jour va fournir ample matière au journal que je vous ai promis.

[1] Saint-Hubert, rendez-vous de chasse bâti par Louis XV à 5 lieues de Versailles, entre la forêt de Rambouillet et celle de Saint-Léger.

[2] Le Comte de Provence, plus tard roi sous le nom de Louis XVIII.

[3] La rue de la Banque actuelle ; c'est là qu'était le Couvent des Petits-Pères, ou Vieux-Augustins, dont dépendait l'église actuelle de N.-D. des Victoires.

Du dimanche 23 juin 1782.

Les premiers pas que nous avons faits aujourd'hui, cher confident, ont été pour aller entendre la messe à l'église Saint-Honoré dans notre quartier[1]. Bien que petite, cette église était assez leste[2].

Nous avons visité quelques connaissances et reçu dans notre appartement les différentes personnes dont nous prétendons nous servir pendant notre séjour.

Cette après-midi, environ sur les six heures, nous sommes allés promener aux Tuileries. Ç'a été le premier moment de notre surprise, il nous a semblé que l'univers était rassemblé dans les jardins, bois et bosquets de ce superbe palais ornés des plus belles statues.

Tant d'objets, qui nous ont frappés à la fois, nous ont empêchés de bien distinguer toutes les beautés. Nous avons, avec bien de la peine, traversé la grande allée au bout de laquelle s'est montrée en spectacle une vieille femme âgée de près de quatre vingt dix ans, autant qu'il ma paru, portant une toilette de la plus grande richesse et mise comme une coquette de vingt ans, en lévite au goût du jour ajustée de rouge et de blanc. Elle avait la tête courbée jusqu'à terre s'appuyant de la main droite sur une canne et donnant le bras gauche à un jeune homme de vingt ans fort élégant. La singularité de ce couple excitait la curiosité des promeneurs qui l'entouraient de près ; crainte des inconvénients de la foule, la garde a dispersé le monde.

L'apparition du maréchal de Richelieu avec sa jeune dame a fait diversion. Tout le monde connaît les aventures galantes de ce vieux militaire[3] qui, à quatre-vingts et quelques années, soutient encore

---

[1] Cette église, bâtie en 1204 et démolie en 1792, était située entre la rue des Bons-Enfants et la rue Croix des Petits-Champs. L'ancien cloître y attenant ferme aujourd'hui un passage allant de la rue Saint-Honoré à la rue Montesquieu.

[2] Dans le sens de parée. Le mot a changé de signification.

[3] Le duc de Richelieu avait à cette époque 86 ans; il s'était remarié deux ans auparavant à la veuve d'un Irlandais nommé de Rothe. Cette troisième femme du maréchal appartenait de son chef à une famille de bonne noblesse, la famille de Lavaulx. Il mourut en 1788, à l'âge de 92 ans.

vertement sa vieillesse et s'est remarié avec Mme Raud, jeune veuve du feu directeur de la Compagnie des Indes à Lorient.

Nous nous sommes reposés une heure sous les bosquets et nous en sommes partis à dix heures, regrettant ce lieu que nous espérons revoir.

Je ne vous dis rien des voitures qui courent les rues de Paris. Il suffit de savoir que les hommes et les femmes, excepté les gens du peuple, semblent ici avoir perdu ou avoir toujours ignoré l'usage des jambes et qu'on y fait de la nuit le jour. Adieu.

Du lundi 24 juin 1782.

Nous avons encore parcouru ce matin les superbes promenades des Tuileries et admiré en détail les statues qui en décorent les bassins ; elles sont de la main des meilleurs maîtres de l'art.

Dans quel enchantement n'eussiez-vous pas été, cher ami, si, témoin de notre surprise, vous eussiez vu comme nous les hôtels superbes qui se prolongent entre les Tuileries et les Champs-Élysées !

Le petit hôtel Brunoy, appartenant à la bru du fameux partisan Pàris de Montmartel[1], offre aux yeux un très joli jardin où l'on aperçoit deux promenades souterraines dont les plantations en chèvrefeuilles, lilas, rosiers et autres arbustes odoriférants, forment un niveau parfait; on y descend par un escalier en gazon et les deux promenades se rejoignent à l'extrémité du jardin pour former une salle de verdure composée dans le même goût.

Joignant cet hôtel est celui des Ambassadeurs extraordinaires, avec un superbe jardin qui fait l'admiration des étrangers[2],

Nous sommes allés à la messe à Saint-Roch, église curieuse et

---

[1] Jean Pàris dit Montmartel, marquis de Brunoy, l'un des quatre frères Pàris, d'abord garde du trésor royal, puis trésorier général des ponts et chaussées. L'emplacement connu de l'hôtel des Ambassadeurs extraordinaires détermine celui du petit hôtel Brunoy. —

[2] Le palais de l'Elysée actuel, bâti par le comte d'Evreux, acheté et embelli par la marquise de Pompadour. Le marquis de Marigny, frère et héritier de Mme de Pompadour, fit don de cet hôtel au roi qui l'affecta au logement des ambassadeurs extraordinaires et des princes étrangers en visite à Paris. L'hôtel de Brunoy était contigu.

très vaste. Nous y avons observé un clergé nombreux et toutes les beautés qu'on y vante

La fête de Sceaux ne devait pas manquer d'exciter notre curiosité ; nous nous y sommes rendus en carrosse. Cette superbe maison appartient à M. le duc de Penthièvre ; nous y avons vu tous les appartements et particulièrement distingué celui de Mme la princesse de Conti. Nous avons parcouru tous les bosquets. A six heures on a fait jouer les eaux. Tout Paris, accouru à cette fête, nous a donné le spectacle du monde entier. Les cascades, les jets d'eau multipliés à l'infini dans de petits bassins tournés en amphithéâtre, offrent un coup d'œil qui étonne. Le jet d'eau du grand bassin qui la porte à plus de soixante pieds nous a surpris d'admiration[1]. Après avoir satisfait notre vue pendant plus de deux heures des jeux de l'art et de la nature, nous sommes revenus à Paris réfléchir sur notre journée.

Un plaisant, ayant passé les gardes pour entrer au milieu des jeux d'eaux en a été vilainement expulsé. Sur ce qu'on a demandé qui il était, un plaisant dans la foule s'est écrié : c'est l'évêque de Sceaux. Plaisant jeux de mots.

Du mardi 25 juin 1782.

De tous les objets le plus essentiel est, vous le savez, mon cher ami, de prendre soin de son existence. La frivolité est le point capital dont s'occupent les Parisiens, c'est-à-dire cette foule impatiente dont les rues sont couvertes. Les occupations morales n'absorbent que les gens renfermés chez eux qui ne sont jamais pressés par la foule. Je ne comprends pas dans la première classe les grands personnages attachés au gouvernement ; ceux-là méritent un hommage particulier que nous leur rendons en secret. Mais les besoins physiques nous suivent partout, et en bons provinciaux, nous pensons à vivre. Nous nous sommes, en conséquence, pourvus ce matin d'une pièce de cette fameuse bière des Gobelins, si vantée par les connaisseurs et si fort de mon goût.

---

[1] Il ne reste plus rien de ces merveilles.

Nos dames se sont occupées d'emplettes de goût. L'après-midi nous nous sommes rendus en voiture sur les boulevards, du côté de l'Opéra. Nous y avons aperçu de nouvelles plantations conduites avec art.

Le spectacle amusant de Nicolet[1] est ce qui nous a le plus attirés ; nous avons profité de cet amusement varié. De jeunes comédiens et comédiennes ont rendu différentes pièces qui malheureusement n'ont rien d'intéressant, à cause de la jalousie et des entraves qu'y apportent les comédiens français qui ont obtenu le privilège ridicule d'examiner toutes les pièces que l'auteur[2], aux gages de Nicolet, s'efforce de rendre agréables et dont ils retranchent les beautés pour empêcher l'élévation de ce théâtre.

Néanmoins, ce Nicolet qui, il y a dix ans, faisait jouer les marionnettes en plein vent sur les boulevards, a su, par l'économie et l'ordre de son théâtre, se faire soixante mille livres de rente. Il est aujourd'hui seigneur de paroisse. N'est-il pas ridicule, mon cher ami, de voir aujourd'hui donner de l'encens au pied des autels et figurer à la tête d'une paroisse un faquin qui, il y a dix ans, était le valet de chambre de Polichinelle et exhibait des animaux savants ?

A demain, je dors.

Du mercredi 26 juin 1782.

La plus désagréable chose dont on puisse être chargé en venant à Paris, mon cher confident, c'est de commissions ; aussi ne doit-on consentir à s'en charger que quand on ne peut pas faire autrement. J'ai couru toute la matinée, pour rencontrer chez les joailliers une boîte d'or dont le goût m'a été déterminé et qui ne se fait plus aujourd'hui.

Après plusieurs courses, j'ai fait quelques visites et suis rentré à l'hôtel où nous logeons. Après le dîner, nous nous sommes déterminés à faire un tour de boulevard.

[1] Le nom du célèbre *impresario* de la foire a passé à la postérité avec le proverbe : « de plus en plus fort, comme chez Nicolet. » Nicolet n'eut d'abord qu'un théâtre forain, mais en 1764, il obtint l'autorisation de construire sur le boulevard un théâtre qui prit par la suite le nom de théâtre de la Gaité. C'est celui qui a subsisté jusqu'à nos jours sur le boulevard Beaumarchais. Les grands travaux du second Empire l'ont fait disparaître en 1862

[2] La plupart de ces pièces ayant pour auteur Taconnet.

Pendant que nos dames faisaient leur toilette, mon compagnon de voyage et moi nous avons été jusqu'à la manufacture royale de glaces, située rue du faubourg Saint-Antoine[1], où nous comptions rendre visite à des dames ; nous ne les avons pas trouvées ; elles dînaient en ville.

En parcourant les boulevards, le désir de voir les Variétés amusantes[2] nous a décidés de rentrer dans ce théâtre. Nous avons été fort mécontents des premières pièces qui nous ont paru des rapsodies très ennuyeuses, sans sel ni goût. Un petit ballet, exécuté par des enfants, nous a plus intéressés. Le spectacle a fini par une forte bonne pièce joliment rendue. Le même auteur, Jérôme Pointe, faisait quatre rôles dans cette pièce ; il les a exécutés avec une précision et un goût qui nous ont fait oublier les premiers moments de notre entrée à ce spectacle où le hasard nous avait conduits. Nous nous sommes promis de ne pas y retourner, ayant des objets plus intéressants à voir à Paris.

Du jeudi 27 juin 1782

Nous avons visité ce matin l'hôtel-de-ville, situé sur la place de Grève. Ce bâtiment, sans être considérable, est assez curieux. Une grande salle, où se donnent les fêtes publiques, est garnie de tableaux du meilleur goût qui représentent différentes anecdotes de nos rois, dans les traits de bienfaisance dont ils ont gratifié les membres de cette ville.

Cette après-midi, nous avons été voir le jardin de la Bastille, nouvelle plantation que le temps rendra fort agréable[3]. En passant auprès de ses énormes tours qui font frémir, surtout quand on pense qu'elles sont destinées à recevoir des citoyens qui sont quelquefois renfermés des années entières, sans savoir le motif de leur détention, et qu'elles sont l'entrepôt des lettres de cachet, l'idée de l'inquisition vient à la suite de toutes celles que l'aspect de cette affreuse prison fait naître.

[1] On y polissait et on y étamait les glaces coulées à Saint-Gobain.

[2] Au coin des rues de Bondy et de Lancry.

[3] Le corps de ville avait entrepris en 1778 de combler les fossés de la partie du boulevard aboutissant à la porte Saint-Antoine. La création de jardins publics auprès de la Bastille se rattachait à ce travail.

Nous avons mis pied à terre sur une autre promenade peu éloignée, nommée la place Royale, parfaitement carrée, très vaste et entourée d'une balustrade en fer. Le contour de cette place est d'une régularité parfaite, par les soins qu'y apporte la ville, en ne souffrant pas qu'on s'écarte du plan primitivement arrêté pour les constructions ; tout autour règne une promenade couverte nommée les Arcades. Au milieu du jardin est la statue équestre de Louis XIII.

L'heure de la promenade de goût étant arrivée, nous avons suivi le torrent et nos chevaux, plutôt que nous-mêmes, nous ont promenés sur les boulevards couverts de plus de deux mille carrosses qui, par l'ordre qu'on y tient, forment deux rangs. Celui du dehors est immobile, celui du dedans roule perpétuellement ; quand on veut voir les passants, on tient celui du dehors et là se passent en revue toutes les femmes qui viennent y voir les autres. Les voitures sont remplies de gens oisifs. Après avoir fatigué ses chevaux, chacun s'en retourne chez soi.

Du vendredi 28 juin 1782.

Nous commençons, cher confident, à respirer l'air de Paris et à le trouver très agréable, à la dépense près que nous ne pourrons soutenir longtemps.

Comme le but ou plutôt, pour dire vrai, le prétexte de notre voyage est de consulter un médecin, je me suis rendu ce matin chez un petit homme de grande réputation. Il a consulté ma femme sur une affection nerveuse et ne lui a conseillé que de la gaîté, des bains tièdes et de l'exercice.

Cette après-midi, nous avons été promener sur les Champs-Elysées. Nous avons fait voir avec plaisir à nos dames les hôtels charmants qui bordent cette promenade.

Nous nous sommes rendus à l'Opéra. On donnait *Iphigénie en Aulide*[1] avec le *Devin du village*[2] ; le spectacle était charmant, les loges remplies de jolies femmes. Beaucoup de seigneurs étaient au niveau de la multitude et ne faisaient pas plus de sensation que le reste des spectateurs.

---

[1] L'un des chefs-d'œuvre de Gluck, représenté pour la première fois à Paris en 1774

[2] Paroles et musique de Jean-Jacques Rousseau.

Cette salle, faite à la hâte[1] depuis l'incendie de celle située près du Palais-Royal, est également décorée. Un très bon orchestre soutient et couvre la voix des chanteurs dont on ne démêle presque que les gestes. Le ballet a été fort bien exécuté.

A la sortie, nous avons eu la satisfaction de voir tout le monde quitter la salle, bien paré. Une centaine de voitures très élégantes ont reconduit les femmes qui, dans cette ville, n'ont pas de jambes. On nous a fait remarquer l'ambassadeur de Russie qui est passé tout auprès de nous[2]. C'est un fort bel homme d'environ cinq pieds six pouces, d'une agréable figure, tout chamarré des ordres de distinction de son pays, portant un grand cordon vert, l'autre jaune ; il parle bien français et s'est très sûrement fait entendre d'une jolie femme sans interprète

Du samedi 29 juin 1782.

Après avoir réglé l ordre de notre ménage, nous nous sommes rendus à l'église des Petits-Pères[3] pour y entendre la messe en raison de la fête de Saint-Pierre.

Nous avons reçu différentes visites dans la matinée. Aussitôt après le dîner, nous sommes montés en carrosse pour aller faire visite à des dames au bout du faubourg Saint-Antoine, à près d'une lieue de notre demeure. Au retour, en revenant par les boulevards, nous avons aperçu plusieurs guinguettes dans lesquelles la curiosité m'a poussé. Figurez-vous un jardin, d'une étendue d'un journal environ, distribué en plusieurs petits cabinets de verdure d'une douzaine de pieds, dans lesquels le peuple de Paris se rend y faire de petits repas ; au milieu se trouve une salle ronde où l'on danse. Cette guinguette était pleine de monde.

Mais rien de ce que nous avons vu jusqu'ici n'approche de ce que

[1] La salle du Palais-Royal avait été incendiée l'année précédente, le 8 juin 1781 ; le 31 octobre de la même année l'Opéra était réinstallé au théâtre de la Porte-Saint-Martin construit en soixante-cinq jours, « à la hâte », comme le dit M. de Rouaud, par l'architecte Lenoir. L'Opéra ne quitta la Porte-Saint-Martin qu'à la veille du 9 thermidor, le 26 juillet 1799, pour prendre possession du théâtre Montausier, en face de la Bibliothèque Nationale.

[2] Cet ambassadeur était le prince Bariatinski.

[3] Notre-Dame-des-Victoires.

je vais vous marquer, cher ami, et mon étonnement ne se dissipera pas tout à l'heure.

Nous sommes entrés à la foire Saint-Laurent[1] ; c'est un vaste espace enclos où une garde maintient le bon ordre ; il est grand comme notre ville de Guérande. Au milieu sont des boutiques superbes ; des spectacles variés, en plein vent ou renfermés, laissent l'alternative du choix. Les petits théâtres de Paris y ont des salles, tels que Nicolet, Audinot[2], les Variétés Amusantes. Celui où nous sommes entrés y a son établissement fixe, c'est la Redoute chinoise imaginée depuis deux ans. C'est un parterre avec de grandes allées sablées, où se promène toute la bonne et la mauvaise compagnie de Paris dans les premiers ordres. On y trouve toute espèce de jeux gratis pour les amateurs, des balançoires dans lesquelles les femmes du monde et les femmes honnêtes se mêlent indistinctement et se font agiter. Tout y est à la chinoise : à gauche, sous un rocher affreux, est un café formant une salle très vaste où on prend des rafraîchissements ; au-dessus, et soutenue par des piliers, est une autre salle aussi grande, dans laquelle est une école de musique où l'on danse ; des loges surélevées tout autour permettent aux spectateurs de dominer toute la salle et de voir plus à l'aise. A l'autre extrémité du jardin, un restaurateur donne à manger aux sociétés qui s'y font servir avec cette aisance qu'inspire la liberté d'une auberge ou d'un cabaret. Des cabinets de verdure entourent le jardin et différents jeux y sont installés pour l'amusement des amateurs. Dans un coin est un carrousel, où les hommes et les femmes tirent à la bague, et chacun y va à son tour. Le monde est répandu partout et on y fend la foule avec peine.

Le beau de cette assemblée commence après les spectacles, c'est-à-dire environ neuf heures du soir ; on illumine alors partout, ce qui rend ce lieu encore plus agréable. Les filles entretenues en font le principal ornement ; elles s'y mêlent, sans faire de sociétés parti-

[1] La foire Saint-Laurent, une des plus célèbres et des plus courues de Paris, commençait le 28 juin et durait jusqu'à la fin de septembre. Elle se tenait dans un vaste enclos, situé entre Saint-Lazare et les Récollets. Sur l'emplacement qu'elle occupait, s'élève aujourd'hui un marché.

[2] Directeur d'un théâtre d'enfants.

cûlières, avec les femmes honnêtes. Tout s'y passe le plus décem-
ment du monde. Ces filles, connues par leur toilette et leur élégance,
ne font pas prendre le change ; les hommes les accostent et les
quittent sans conséquence pour en rejoindre d'autres. Ceux qui y
sont entrés avec bonne compagnie ont seulement attention de n e
pas la quitter pour ce jour-là. Mais, au surplus, les femmes de Paris paraissent si familières avec la rencontre de ces filles dans les
spectacles et lieux publics que rien ne paraît blesser leur délicatesse, pas plus que de voir les hommes les leur préférer. J'en ai vu,
qu'on m'a fait observer, riches de plus de vingt mille livres de
rente ; d'autres, qui, après avoir été encore plus opulentes, n'ont plus
qu'un reste de toilette sur des charmes expirants cherchent encore
à faire des dupes. Leur triomphe est passé, cher ami ; la guerre les
a ruinées. Si la paix, qu'on espère[1], n'arrive pas bientôt, cette classe
de femmes périra, les mylords anglais étaient ordinairement les ci-
trons qu'elles pressurent. On nous en a fait voir une qui, en quatre
mois, a mangé deux cent mille livres. Elles jouissent d'une liberté
qui étonne des provinciaux ; elles mettent cependant dans leur
maintien une décence qui les garantit de toute insulte ; elles ont les
équipages les plus brillants et surpassent, par leur toilette et leur
élégance, les premières femmes de Paris.

Je crois, mon cher ami, que la Redoute chinoise est le paradis
que Mahomet a promis à ses croyants.

Du dimanche 3o juin 1782.

Ce jour a été consacré à visiter les monuments publics et pieux.

Nous avons débuté, mon cher ami, par voir la cathédrale dédiée
à Notre-Dame. Son portique est décoré par des colonnes à différents
étages qui s'élèvent très haut. Le corps de l'église est très leste
(élancé) en dedans. A l'intérieur, l'édifice a cent quatre-vingt-quinze
pas de longueur ; des chapelles grillées en fer forment le contour de
l'église ; on aperçoit dans chacune d'elles un ou deux mausolées des
archevêques et autres grands seigneurs de Paris.

L'après-midi, nous nous sommes rendus aux Invalides, établisse-

---

[1] La paix avec l'Angleterre, conclue l'année suivante par le traité de Versailles.

ment qui honore la mémoire de Louis XIV. Une cour superbe en précède l'entrée, autour de laquelle sont deux immenses galeries ormant les dortoirs de l'hôtel où cinq cents invalides sont entretenus avec deux cents officiers. L'église est très leste ; dans l'intérieur du dôme, dont le pavé en marbre est d'un curieux travail, on remarque dix grandes colonnes et pilastres de trente et un pieds de haut ; le fond du dôme est décoré de peintures des meilleurs maîtres. Les cours sont immenses. Dans la salle du Conseil on voit le portrait de Louis XIV et ceux affrontés de plusieurs ministres tels que MM. d'Argenson[1], de Choiseul, d'Aiguillon[2].

Nous avons également visité l'École militaire, superbe hôtel nouvellement construit avec une très longue, et très belle façade au midi et de grandes cours. La salle du Conseil ressemble à l'hôtel des Invalides. Cinq cents jeunes gentilhommes y sont élevés aux frais du gouvernement jusqu'à l'âge de 14 ans et sont ensuite répartis dans différents collèges.

Nous avons terminé la journée par une promenade aux Tuileries où on ne pouvait se tourner par l'affluence du monde.

A dix heures nous sommes rentrés nous coucher.

Du lundi 1er juillet 1782.

Je me suis échappé pour aller à Marly, en passant par Nanterre, village célébré par la légende de sainte Geneviève. J'ai dîné à Chatou chez une jolie femme dont j'ignore le nom comme la naissance. J'ai vu à Marly toute la curieuse machine qui envoie les eaux à Versailles. J'ai visité Luciennes[3], la superbe maison de Mme du Barry, et un pavillon plus curieux encore donnant sur la Seine en haut de la machine.

Tous les appartements en sont ovales ; le vestibule est tout en marbre blanc, au lieu de boiseries. De là on passe dans un vaste salon, aussi en marbre blanc, autour duquel sont disposées en retrait huit petites tribunes où des musiciens exécutaient des mor-

---

[1] Voyer, marquis de Paulmy d'Argenson; ministre de la guerre.

[2] Armand Vignerod-Duplessis Richelieu, duc d'Aiguillon, successeur de Choiseul au ministère.

[3] Louveciennes. La comtesse du Barry s'y installa en 1770.

ceaux de musique pendant les soupers de Louis XV et de la comtesse ; les seigneurs qui avaient la permission de voir souper le roi s'y tenaient aussi. A côté est un cabinet de toilette en ovale, de toute élégance et servant de boudoir et un autre petit carré. Dans le boudoir on admire quatre magnifiques tableaux galants[1]. Le premier représente deux femmes qui se jurent un amour éternel ; dans le deuxième l'Amour allume un bûcher avec son flambeau ; dans le troisième la chaîne de fleurs qui unit les deux femmes se rompt ; dans le quatrième elles se séparent : l'une d'elles est enlevée par un amant et l'Amour sourit malicieusement.

Le salon de compagnie est aussi orné de peintures[2] et de sculptures d'une grande finesse. Au bout est un appartement carré autour duquel sont ménagés, dans l'épaisseur des lambris, six canapés en petit gris. L'appartement est décoré du haut en bas de sculptures qui ne sont que guirlandes de myrthes, lauriers, roses et autres fleurs. Sur le dossier d'un des canapés et à chaque bout, j'ai remarqué deux Amours dont l'un dessine le portrait de Louis XV et l'autre celui de la comtesse du Barry. Les boutons de toutes les portes d'entrée sont en or et portent, ajourés et entrelacés, les chiffres du roi et de la comtesse. Sur une table de ce dernier appartement, j'ai remarqué un petit cabaret ou déjeuner de porcelaine de Sèvres à quatre tasses avec quatre cuillères en or et, autour, six vases d'or : le pot à lait, la théière, la cafetière, deux sucriers d'une contenance d'environ une chopine, et un réchaut aussi en or, le tout travaillé et ciselé, ainsi que les couvercles, avec une recherche artistique de la plus grande beauté.

A l'entrée de ce pavillon, on aperçoit deux statues de marbre. Celle de gauche représente Vénus ; quarante des plus jolies femmes de Paris ont servi de modèle au sculpteur pour réunir dans cette œuvre les plus parfaites proportions du corps.

Je n'ai quitté, mon cher ami, ce temple de la volupté que pour m'aller coucher à Chatou et rejoindre mon aimable hôtesse[3].

---

[1] Œuvre de Fragonard.

[2] Le plafond est de Bréard, les sculptures de Lecomte.

[3] M. de Rouaud semble avoir fait là une véritable escapade.

Du mardi 2 juillet 1782.

Je me suis levé de grand matin pour aller visiter les jardins de M. Bertin[1] à Chatou. La maison est peu de chose, mais les charmilles et cabinets de verdure qui l'entourent sont superbes. Au milieu d'une pelouse, on voit une étoile en marbre au centre de laquelle un satire soutient le globe du monde ; les branches de cette étoile marquent les quatre points cardinaux figurés par quatre colosses chinois ; elle est entourée des statues des douze empereurs romains. Un bosquet sert de retraite à un capucin qui semble s'y cacher et tient à la main une mignonne pantoufle de femme. Plus loin des colonnes soutiennent une terrasse et un bassin en forme de coquille d'où les eaux s'échappent en cascade. D'autres terrasses, véritables voûtes de verdure, conduisent jusqu'à la Seine[2].

J'ai vu aussi la maison de Ruel, aujourd'hui à M. le duc d'Aiguillon, ci-devant à M. le cardinal de Richelieu et dans laquelle, si l'on en croit la légende, le cardinal faisait passer aux oubliettes les gens dont il voulait se défaire.

De retour à Paris, à une heure de l'après-midi, nous avons été voir le jardin du Roi. Il faudrait être connaisseur pour décrire toutes les raretés qu'il renferme. Le cabinet d'histoire naturelle est l'un des plus remarquables de l'Europe ; les minéraux, les végétaux et les oiseaux de toute espèce y abondent. Nous avons admiré un zèbre très curieux et un éléphant de six mois.

De là nous avons été à l'Observatoire. Nous y avons vu le fameux puits d'observations[3]. Nous sommes descendus dans les souterrains à environ quarante toises de profondeur et nous avons marché dix minutes, pour aboutir aux rochers où l'eau qui découle des voûtes se pétrifie. Nous avons continué cette excursion jusque sous le bassin du Pont-Royal.

Nous nous sommes rendus ensuite au Val-de-Grâce dont les

[1] Contrôleur général des finances, créateur du Dépôt des chartes.

[2] La décoration architecturale de ces jardins est l'œuvre de Soufflot.

[3] Ce puits servait, à l'époque, à faire des études sur la chute des corps. Il est aujourd'hui bouché.

peintures et la voûte ont surpris notre admiration. Des colonnes de bronze rehaussées d'or moulu soutiennent le dais de l'autel dont le tableau du fond représente la naissance de Notre-Seigneur[1]. Cette église est ornée d'autres tableaux de grand mérite. Le pavé est en marbre et marqueterie.

Du mercredi 3 juillet 1782.

J'ai été ce matin à mon lever, cher ami, courir chez vingt joilliers de la ville pour une commission dont m'a chargé M. l'abbé d'Andigné. Il s'agit d'une boîte d'or d'un très joli goût, pesant 3 onces, 5 gros, 26 grains, à 92 livres l'once et 156 livres de façon ; elle coûte 495 livres. C'est une pénible chose d'être chargé d'une commission de ce genre, quand on a l'inquiétude de la bien faire.

Malgré les plaisirs, on doit s'intriguer de ses affaires. J'ai été porter chez M. le vicomte du Dreneuc les titres de noblesse de M. Le Royer de la Poignardière, mon cousin germain, pour être présentés à M. d'Ormesson[2], afin de faire entrer une de ses filles à la Maison Royale de Saint-Cyr.

Après midi, nous avons rendu visite à M. le marquis et à Mme la marquise de Penhouët, qui nous avaient fait l'honneur de nous visiter.

Nous avons vu le beau palais du Luxembourg. De là nous avons visité l'église des Carmélites où il y a de belles peintures. On y voit dans une chapelle le tombeau de Mme de la Vallière[3] ; elle est représentée en Magdeleine, mais ses traits expriment plutôt l'amour de Dieu et l'espérance en sa miséricorde, que la crainte et le repentir. Au plafond, un Christ peint à fresque est du plus bel effet.

Nous somme entrés à Saint-Sulpice. Ce vaste et superbe bâti-

----

[1] Cette œuvre de François Anguier a été transférée à Saint-Roch.

[2] Henri-François Le Febvre d'Ormesson, conseiller d'État et intendant des finances. Il fut contrôleur général des finances en 1783. Dans l'almanach Royal de 1882, il est qualifié de chef du Conseil pour l'administration temporel de la Maison Royale de Saint-Cyr.

[3] La duchesse de la Vallière s'était retirée au couvent des Carmélites en 1676. Elle y vécut trente-six ans et fut enterrée dans l'église du couvent. Son tombeau a disparu lors de la démolition de l'église en 1790.

ment renferme aussi des tableaux très rares. L'autel est surmonté d'un dôme très élevé ; au fond on voit, sur un groupe de rochers, une vierge entourée d'une nuée d'anges, le tout en marbre[1].

Saint-Etienne du-Mont est une charmante petite église ornée de tableaux, avec une chaire très ancienne, soutenue par Samson, ayant sous les pieds un lion ; ce groupe est d'un seul morceau.

A Sainte-Geneviève nous avons vu la châsse de la sainte bergère et quatre immenses tableaux représentant les quatre vœux de la ville. La nouvelle église, qui est fort avancée, sera une des plus belles de Paris[2].

Du jeudi 4 juillet 1782.

Nous avons passé toute la matinée à rendre et à faire des visites, ce qui nous a occupés jusqu'à une heure de l'après-midi. Sur les trois heures, nous sommes sortis en carrosse pour aller promener au bois de Boulogne, distant d'environ une lieue de notre rue.

C'est un parc appartenant au roi, avec de grandes allées sablées, où les seigneurs de la cour font fréquemment des courses de chevaux, particulièrement MM. le comte d'Artois et le duc de Chartres. Le surplus est un bois taillis qu'on a laissé sans le couper et qui paraît avoir une trentaine d'années de renaissance ; on y voit beaucoup de gibier. Les Parisiens sont dans l'usage de fréquenter ce bois, où le beau monde se rend les jours d'étiquette.

A notre entrée, nous avons été faire la promenade des boulevards. Ainsi que je vous l'ai rapporté, cher ami, à une autre journée, nous y avons passé jusqu'à neuf heures à tourner en carrosse, ainsi qu'en est l'usage particulièrement le jeudi, jour du rendez-vous public. En y allant, nous avons vu Mᵐᵉ la duchesse de Bourbon[3] à cheval,

---

[1] De Pigale.

[2] L'église Saint Geneviève (Panthéon), dont la première pierre fut posée par Louis XV en 1764, ne fut complètement achevée que sous Louis-Philippe. L'ancienne église abbatiale, fondée par Clovis en 508, a été démolie en 1802. Son clocher subsiste encore. Il est enclavé dans les bâtiments du lycée Henri IV.

[3] Sœur du duc de Chartres, fille du duc d'Orléans, mariée au duc de Bourbon en 1770. Ce prince avait quinze ans lorsqu'il s'éprit de la princesse qui en avait vingt, ce qui n'empêcha pas les jeunes époux de se séparer après quelques années de mariage. La duchesse mourut en 1822, le duc en 1830. Avec lui s'éteignit la race des Condé.

entourée de huit écuyers et suivie de son carrosse attelé de huit beaux chevaux bais. Elle m'a paru très jolie de figure, âgée d'environ vingt-cinq ans et se tenant très bien ; elle était tout en blanc.

A la fin de cette promenade je me suis rendu aux Tuileries où j'ai rencontré beaucoup de monde. La pluie étant survenue, je suis rentré pour souper avec nos dames sur les dix heures. A demain.

Du vendredi 5 juillet 1782.

Nous nous sommes occupés ce matin de différentes emplettes et avons couru plusieurs boutiques de marchands qui nous ont étalé de de superbes choses dans tous les genres.

Nous avons obtenu de M. de la Fontaine, secrétaire des commandements de M. le duc de Chartres, la permission nécessaire pour visiter son jardin anglais de Mousseaux[1], lieu où l'on ne peut pénétrer qu'avec l'agrément de ce prince. Nous nous y rendrons prochainement.

En attendant nous avons été voir cette après-midi le jardin de M. le maréchal de Biron[2]. Ce jardin est charmant ; il n'est pas fort grand, mais par sa situation, ses arrangements et les surprises variées qu'il ménage, on sent que l'art n'a fait que seconder la nature qui s'est prêtée à tous les embellissements dont on l'a ornée.

Les compartiments destinés à chaque culture différente sont distribués avec goût ; des bosquets charmants donnent l'illusion de la campagne en plein cœur de Paris ; des pièces d'eau arrosent tout le jardin et le rendent toujours frais ; des allées de tilleuls couvertes ménagent des points de vue magnifiques où l'œil s'arrête sur des pelouses coupées tous les quinze jours, pour qu'elles offrent un tapis toujours vert ; des terrasses les unes sur les autres, où l'on accède par des escaliers de gazon, sont garnies de cabinets de verdure qui invitent au repos. Tous les arbres ont le pied garni de roses entrelacées, de jasmin, de chèvrefeuille, auxquels on fait former des guirlandes

---

[1] Mousseaux ou Monceaux. Le parc Monceaux actuel est ce qui reste de ces fameux jardins dessinés par Carmontel pour embellir la « Folie de Chartres » nom donné à la maison de plaisance du fastueux duc de Chartres (Philippe-Egalité).

[2] Rue de Varenne, aujourd'hui occupé par le couvent du Sacré-Cœur.

d'arbre en arbre. De magnifiques serres-chaudes et une orangerie complètent cet ensemble délicieux. L'entretien de ce jardin coûte dix mille livres par an. C'est un lieu de volupté qu'on ne doit pas négliger.

Du samedi 6 juillet 1782.

Nous avons employé la matinée de ce jour, à voir différentes personnes auprès desquelles des affaires particulières m'appelaient. J'ai fait quelques petites emplettes de peu de conséquence.

L'après-midi nous nous sommes rendus à la comédie italienne[1], La salle de ce théâtre est fort laide et fort obscure ; elle ne se ressent en aucune manière de l'élégance de tous les autres édifices de Paris. Les loges sont incommodes, on s'y trouve fort mal à l'aise. En revanche le spectacle y est passable et préférable à la Comédie Française ; l'orchestre, assez bien monté, satisfait les amateurs et il y a un bon choix de comédiens. On y donnait la *Servante Maîtresse*[2] et les *Evénements imprévus*.[3] Les rôles étaient bien rendus ; deux femmes et un homme ont supérieurement bien chanté.

En quittant le spectacle, nous sommes passés par la foire Saint Laurent ; nous sommes entrés dans un café qui attire tout le monde et rend tous les autres déserts. Il s'y tient une école de musique qui donne de très jolis concerts ; quatre jeunes femmes y chantent différents airs que l'on entend avec plaisir en prenant des rafraîchissements. On y voit aussi plusieurs spectacles en plein vent.

Nous sommes revenus par les boulevards pour rentrer à l'hôtel sur les neuf heures.

Du dimanche 7 juillet 1782.

A huit heures du matin, nous sommes partis pour Versailles où nous sommes arrivés à dix heures et demie. Nous sommes descendus à une auberge sur la place Dauphine. Nous nous sommes acheminés vers le château où nous avons pris un suisse, pour nous conduire

---

[1] La Comédie italienne était, à cette époque, rue Mauconseil, à l'hôtel de Bourgogne.

[2] La *Servante Maîtresse*, musique de Paisiello, écrite sur le livret de la *Serva padrona* de Pergolèse.

[3] Les *Evénements imprévus*, comédie en trois actes, musique de Grètry, représentée pour la première fois aux Italiens le 13 novembre 1779.

dans tous les appartements. Cet extrait ne saurait suffire pour tout le détail que nous avons vu et je vous renvoie pour le surplus, cher ami, à *l'Almanach de Paris en faveur des étrangers*[1].

Nous n'avons rien négligé. Une longue suite d'appartements nous a conduits à la grande galerie où nous avons vu une grande quantité de seigneurs qui attendaient le passage de Sa Majesté. Nous avons examiné en détail chacune des pièces où se trouvent le trône et la curieuse horloge si vantée.

A midi nous avons vu Sa Majesté se rendre à la messe accompagnée de Monsieur[2], de ses aumôniers et de différents seigneurs. Le roy causait familièrement avec M. le duc de Coigny[3]. Nous avons suivi le cortège et, ayant été introduits dans une des travées de la chapelle, nous avons pu jouir pendant toute la messe de la vue de Sa Majesté. Monseigneur l'évêque de Senlis, cordon bleu[4], a donné les Heures au roy qui a fait sa prière pendant toute la messe. Rentrés dans la première salle, à l'issue de la cérémonie, nous avons vu le roy s'en retourner.

Aussitôt après, la reine, Madame, madame la comtesse d'Artois et madame Adélaïde sont[5] entrées à la messe, suivies de leurs dames d'honneur, des officiers et de leurs gardes.

A une heure et demie nous avons assité au dîner du roi et de la reine. Madame a donné à laver[6] à la reine. Le roy a faiblement dîné, la reine point du tout ; ils ont beaucoup causé pendant le dîner qui n'a duré qu'une demi-heure, particulièrement le roy qui a fait beaucoup de questions à différents seigneurs. Leurs Majestés se sont ensuite retirées pour aller chez Madame où la famille a dîné.

Nous avons visité tous les appartements du roy, de la reine, de madame Adélaïde, de madame la comtesse d'Artois, ainsi que les

---

[1] *Almanach Parisien, en faveur des étrangers et des personnes curieuses*, à Paris, chez la veuve Duchesne, rue Saint-Jacques, au temple du Goût in-18.

[2] Le Comte de Provence.

[3] Henri de Franquetot, duc de Coigny, maréchal de France.

[4] Jean Armand de Roquelaure, né en 1720, sacré évêque de Senlis en 1754, premier aumônier du Roi. Il devint sous le Consultat archevêque de Malines.

[5] Madame Adélaïde de France, fille ainée de Louis XV.

[6] Comme la personne la plus élevée, en dignité. La suite semble indiquer qu'il s'agit ici de la sœur du Roi plutôt que de la comtesse de Provence.

cabinets de ces divers appartements dont la beauté surpasse l'imagination.

Après notre dîner, nous avons été voir les jardins, les bosquets, les pièces d'eau, l'orangerie et tout ce que contiennent de curieux les environs du jardin. A quatre heures, nous avons rencontré Madame, sœur du roy[1], sur la terrasse où elle se promenait avec deux de ses dames. A cinq heures nous avons vu le roy aller aux vespres avec Monsieur. Nous avons vu aussi dans la grande galerie M. le duc de Chartres avec quantité d'autres seigneurs, cordons bleus, rouges, verts, noirs[2] dont on ne paraissait faire aucun cas, la présence de Sa Majesté attirant et méritant tous les regards. Après l'entrée du roy, la reine s'est également rendue à vespres accompagnée de Madame, de madame la comtesse d'Artois et suivie des dames d'honneur, des capitaines des gardes et autres officiers. La reine et ses dames étaient dans la travée de droite ; Madame, sœur du roy, était en bas dans la chapelle, entourée de ses gardes.

Après les vespres, nous sommes retournés dans les jardins et nous nous sommes rendus ensuite à Trianon, maison royale qui, quoique petite, est de toute beauté par son élégance, par les superbes jardins et terrasses qui s'étendent en arrière. Nous avons eu la satisfaction de voir madame Royale qu'on y promenait[3] ; elle est âgée d'environ trois ans ; nous avons aperçu aussi monseigneur le Dauphin[4] qui était à la fenêtre d'un des appartements avec les dames qui prennent soins de lui ; il a neuf mois. Ces deux enfants portent sur une très jolie figure les caractères de la Majesté royale. J'ai été à la Comédie et soupé à Versailles.

Du lundi 8 juillet 1782.

Je suis parti ce matin, cher confident, pour l'abbaye royale de Saint-Cyr, et sur la route, je me suis arrêté à la ménagerie du roy

---

[1] Madame Elisabeth de France, sœur du roi Louis XVI. Elle avait alors 18 ans.

[2] Le cordon bleu était celui de l'ordre du Saint-Esprit, le rouge celui de l'ordre de Saint-Louis, le vert celui de l'ordre de Saint-Lazare, le noir celui de l'ordre de Saint-Michel. Tous en ordre étaient donnés par le roi de France. On les nommait les ordres du Roi.

[3] Fille aînée du roi, plus tard duchesse d'Angoulême.

[4] Il ne s'agit pas ici de l'infortuné Louis XVII qui ne naquit qu'en 1789, mais du premier dauphin, né le 22 octobre 1781, mort le 8 juin 1789.

pour y voir les différents animaux qu'elle contient. Elle est assez dé-
garnie en ce moment. Cet établissement consiste en plusieurs cours
qui communiquent des unes aux autres et dans lesquelles on voit les
animaux. Au milieu est un pavillon avec une galerie circulaire ; c'est
le lieu de repos de la famille royale quand elle va à la ménagerie.
Voici ce que j'y ai vu : des oiseaux de mer dans une volière très-
longue et très-spacieuse où il y a des jets d'eau ; un éléphant privé ;
des moutons de Barbarie ; des cerfs des Indes ; un rhinocéros très
sauvage, animal monstrueux gros comme un de nos plus forts bœufs
et dont on n'approche qu'avec précaution ; deux buffles ; un lion ;
un ours ; une panthère ; une lionne ; un tigre ; un mandrill ; deux
porcs-épics ; un chien-loup ; un rat des Indes : un chevrotin ou chat
porte musc ; un grand duc ; un pélican.

Arrivé à Saint-Cyr j'ai demandé Madame de Champlais, supérieure
de la maison, à qui j'ai remis une lettre de son frère l'abbé. Elle m'a
bien accueilli et m'a promis ses bons offices auprès de M. d'Ormesson.

Je suis revenu à Paris dans un carrosse de la cour et l'après-midi
nous avons été voir le nouveau jardin pittoresque de M. le duc de
Chartres. Le jardin de Mousseau consiste surtout en singularités :
ce sont des bosquets, des prairies, des cours d'eau, de petits bâtiments qui paraissent en ruines et dont l'intérieur offre des temples
de volupté, des rivières qui se perdent dans des gouffres, des ponts
ruinés, des moulins à vent et à eau à demi tombés, une laiterie
charmante dans laquelle on nous a offert des rafraîchissements, des
carrousels, des cabinets, des antres sous des rochers amoncelés avec
art, des serres chaudes dans lesquelles on fait venir des plantes et
des fruits étrangers, le jardin offre, en un mot, une variété des plus
curieuses.

Du mardi 9 juillet 1782.

A dix heures du matin j'ai été trouver M. le chevalier de Dreneuc[1],
malgré une fièvre qui m'empêchait de jouir d'aucun plaisir ; aussi,
après avoir parcouru différents bureaux, je suis revenu me coucher

---

[1] Très ancienne famille bretonne. Les du Drenec, seigneurs de Mezou, de
Kerourien et de Keridern, sont mentionnés dans la réformation de 1426, 1440, etc.

jusqu'à six heures. J'ai pu alors aller retrouver M. de Dreneuc à l'hôtel de Berry. Nous nous sommes rendus ensemble chez M. le président d'Hozier, généalogiste de France[1], qui a parcouru les titres de noblesse de M. Le Royer qu'il a trouvés en bonne forme. Il nous a renvoyés chez M. d'Ormesson, Conseiller d'Etat, Commissaire de la maison royale de Saint-Cyr. Nous l'avons trouvé en son hôtel[2]; en lui remettant le dossier, M. du Dreneuc lui a recommandé Bonne Angélique Philiberte Le Royer comme sa nièce; de mon côté j'ai fait valoir le parti que prend à cette affaire Mme de Champlais. Il nous a promis d'être favorable à notre requête, en nous observant qu'il y avait bien des demandes et peu de places à nommer. C'est tout ce que nous pouvions espérer de cette démarche. Cette visite finie, j'ai reconduit M. du Dreneuc chez lui et suis rentré prendre du repos.

Voilà, mon cher confident, une journée perdue pour notre plaisir, mais je ne la regrette pas, étant, comme vous savez, d'un caractère à obliger mes parents et amis.

Du mercredi 10 juillet 1782.

Nous avons couru la ville ce matin pour quelques emplettes, après quoi je me suis rendu à l'hôtel de M. le Garde des Sceaux, pour lui présenter un mémoire tendant à obtenir l'interprétation de l'arrêt du Conseil de 1771 qui me charge moi et mes confrères de viser les minutes présentées aux domaines du roy pour la liquidation des rachapts[3] dus pour mutations par les vassaux. On m'a renvoyé à M. Estienne, chargé du département de la Bretagne; il m'a promis d'appuyer mon mémoire qu'il estime devoir être communiqué à MM. les Administrateurs du domaine.

---

[1] Antoine-Marie d'Hozier de Sérigny, arrière-petit-fils du célèbre généalogiste dans la descendance duquel la charge de Juge d'armes et généalogiste de France s'était perpétuée. Il demeurait rue Vieille du Temple. Pour faire comprendre le but de la visite de M. Rouaud il suffit d'indiquer que l'*Almanach royal* de 1782 qualifie M. d'Hozier, président de la Cour des Comptes, aides et finances de Normandie, de Commissaire du Roi, pour certifier à Sa Majesté la noblesse des demoiselles nommées pour être élevées en la maison royale de Saint-Cyr.

[2] Rue Culture Sainte-Catherine.

[3] Le droit de rachat ou de relief était dû au seigneur féodal pour toutes les mutations qui avaient lieu de la part du vassal; il consistait en une année de revenu du fief ou une somme d'argent au choix du seigneur.

L'après-midi nous avons été à la Sorbonne y voir le mausolée du cardinal Richelieu, morceau admiré de tous les connaisseurs. Le Cardinal est représenté sur son tombeau, soutenu par la religion; le manteau ducal sur lequel il est couché est inimitable par la perfection des draperies. L'église n'a, au surplus, rien de curieux.

De là, nous nous sommes rendus à la foire Saint-Laurent et nous sommes entrés au spectacle d'Audinot[1] qui nous a satisfaits. Il est tenu par des enfants qui imitent par leur jeu les grands personnages. Ils jouent supérieurement la pantomime. Nous en sommes revenus à dix heures. Ma femme a acheté à la foire un très joli chapeau à plumes nouvelles.

Vous voyez, cher ami, que je ne vous fais grâce de rien.

Du jeudi 11 juillet 1782.

Mon compagnon de voyage et moi nous avons gardé la chambre ce matin pendant que nos dames se sont promenées en voiture ; elles ont été dans différentes boutiques. Ma femme a acheté une très belle pelisse fourrée en petit gris et une polonaise blanche en mousseline.

Nous avons été dîner au bout du faubourg Saint-Antoine, chez les demoiselles Grimprel chez qui nous avons eu la satisfaction de trouver bonne compagnie que l'honnêteté de ces demoiselles y avait invitée.

Nous avons fait chez elles une partie de reversi et nous les avons quittées à six heures pour nous rendre à la promenade ordinaire des boulevards où nous avons trouvé, comme d'habitude, un nombre infini de voitures. De très-jolies femmes garnissaient ces voitures attelées de superbes chevaux. C'est le lieu où, comme je l'ai déjà observé, on va faire tous les dimanches et jeudis parade de luxe et de vanité. Les voitures tiennent deux rangs sur toute la longueur qui est d'un quart de lieue ; le rang en dehors ne bouge pas, celui

---

[1] Ancien acteur de la troupe italienne ; fondateur de l'Ambigu-Comique où il donne d'abord des pantomimes jouées par des enfants. « Ce sont les enfants d'Audinot » traduisaient librement les spectateurs, en lisant l'inscription de circonstance où Audinot avait fait mettre sur le rideau de son théâtre d'enfants : « *Sicut infantes audi nos* ».

en dedans tourne sans cesse. Quand une voiture veut s'arrêter elle quitte le rang intérieur. Le guet à pied et à cheval maintient le bon ordre. Les dames qui veulent descendre se promènent à pied dans l'intérieur et inspectent les voitures qui passent et les personnes qui les occupent.

C'est un spectacle unique, surtout pour nous autres provinciaux.

Du vendredi 12 juillet 1782.

Cette journée, cher ami, a été pour nous une des plus intéressantes de notre séjour à Paris pour le cœur et l'esprit. Aussi voudrais-je pouvoir crayonner avec exactitude les traits qui nous ont saisis et rapporter les idées que nous ont inspirés les différents moments de notre journée.

Je me suis rendu à neuf heures à la bibliothèque du roy, rue de Richelieu. Dans ce vaste hôtel six grandes salles pleines de livres offrent aux savants dans tous les genres toutes les ressources de la littérature, de la poésie, des arts et de l'histoire. Un exemplaire de tous les ouvrages qui paraissent y est déposé. Le bibliothécaire[1], honnête et savant ecclésiastique, y fait donner sans hésiter aux amateurs qui se présentent tous les ouvrages qu'ils demandent en indiquant la tablette où est contenu l'ouvrage désiré. J'y ai vu avec satisfaction plus de 400 personnes occupées à faire des recherches, des extraits, à comparer les sources et les autorités.

De là j'ai été butte de Saint-Roch, chez M. l'abbé de l'Epée[2] qui depuis l'âge de 18 ans s'est adonné à un genre de travail consolant pour l'humanité affligée. Il instruit les muets à parler ; il leur fait apprendre la grammaire et la langue française qu'ils possèdent dans toute sa pureté. Ils écrivent et répondent par écrit à toutes les questions que cet honnête ecclésiastique invite les spectateurs à leur poser. J'en ai vu une quatre-vingt-dixaine qu'il a instruits en très

---

[1] Le Bibliothécaire en titre était, en 1782, Guillaume Bignon. Mais notre voyageur veut sans doute parler de l'abbé des Aulnais, garde et conservateur des imprimés de 1775 à 1790.

[2] L'abbé de l'Epée avait alors 70 ans ; il ne mourut qu'en 1789. Il avait d'abord reçu les sourds muets dans sa propre maison, paroisse de Saint-Roch. En 1794, l'établissement des sourds-muets fut transféré dans l'ancien séminaire Saint-Magloire, rue Saint-Jacques, où il est encore.

peu de temps. Ces muets se parlent entre eux par des signes et
s'entendent à merveille : ils connaissent la force des mots, en donnent
la signification et expliquent les différents temps et moments de tous
les verbes.

Nous étions plus de cent spectateurs. Par l'intérêt qu'il m'a vu
mettre à écouter ses leçons, M. de l'Epée a eu l'honnêteté de me
prier d'interroger ses muets. J'ai varié mes demandes, éxigé différentes explications pendant une heure. Ils ont répondu à tout. Il a
ensuite dicté lui-même à un de ces élèves une lettre qu'une dame de
l'auditoire avait tirée de sa poche ; la lettre a été très-bien écrite ;
nous en avons vérifié la fidélité. Ce qui m'a le plus surpris c'est
qu'il a remis cette lettre à un autre muet qui l'a dictée aux
autres Ils se sont tous mis à l'écrire avec la même agilité que dans
les écoles publiques, avec cette différence qu'on ne répétait pas un
seul mot. J'ai quitté avec regret à une heure ce lieu si instructif et
si digne d'admiration.

A deux heures nous nous sommes rendus dans les salles basses
de la bibliothèque y voir un tableau de M. Bonnieu peintre célèbre
et vanté[1]. Nous sommes restés saisis à la vue d'une grande toile
représentant Adam et Eve dans l'état du péché. Adam, couché au
pied de l'arbre de vie. la main appuyée sur son front, réfléchit à sa
faute et exprime une douleur qui annonce le repentir et la prévoyance
de l'avenir ; il paraît ressentir par anticipation l'accablement de tous
ses maux et ceux de sa postérité. Eve, en pleurs, les bras croisés,
représente la plus belle femme du monde. Ses traits expriment une
douleur déchirante, mais l'artiste a su y répandre en même temps
une aimable rougeur qui trahit la passion et la volupté. Ce tableau
est vivant et il semble qu'on pourrait palper toutes les rondeurs des
corps qui y sont représentés. L'auteur en a refusé quinze mille
livres[2]. L'empereur Joseph l'a envoyé visiter l'Italie en compagnie
de ses meilleurs peintres.

De là nous avons été à Ménilmontant voir la maison de

---

[1] Michel Honoré Bonnieu, peintre et graveur, de l'académie royale de peinture
né en 1740, mort en 1814.

[2] Ce tableau fut acheté depuis par le Czar Paul Ier. Il en existe une estampe, à
la manière grise, gravée par Bonnieu lui-même.

M. Detienne, ancien capitaine d'infanterie, chevalier de Saint-Louis.
Cet officier a trouvé le secret d'un mastic dont il recouvre les tuiles,
sans les cacher, et qui les rend complètement impénétrables à l'eau.
Le toit de sa maison, qui a 3o pieds de longueur sur 72 de large, est
plat et est couvert par ce procédé, ce qui lui a permis d'y installer,
sur toute l'étendue, un jardin avec des arbres nains et des tonnelles
ravissantes. La charpente de sa toîture lui aurait coûté 115ooo livres.
sa couverture à plat ne lui coûte que cent louis ; elle a supporté
deux hivers sans la moindre avarie. Cette maison fait l'admiration
de tout Paris et de la cour. M. Detienne a promis au roy de livrer
son secret au public dans deux mois. J'oubliais de vous dire qu'au
milieu de ce jardin aérien, il y a une pièce d'eau de vingt pieds carrés
profonde de trois pieds, et dans la quelleon voit quantité de poissons :
un petit gazon en fait le tour. Cette pièce d'eau est alimentée par les
eaux pluviales ; cet hiver il y a eu treize pouces de glace sans que les
poissons aient péri. Les arbustes du jardin sont couverts de beaux
fruits , on y fait venir de beaux légumes, des melons, du céleri, etc.
La terre est contenue dans des caisses de la grandeur des carrés des
plates bandes et, de cette façon, les allées qui sont ménagées sur le
toit même sont toujours propres.

Nous sommes allés voir ensuite des automates[1] imitant, à s'y
méprendre, des figures humaines. Parmi ces automates, il y avait un
être vivant que nous n'avons pu distinguer des autres malgré un
examen de plus de quarante minutes, jusqu'au moment où, à notre
grande surprise, il s'est mis à causer avec nous. Après s'être pro-
mené à nos côtés, il a repris, à notre demande, sa situation automate
pour nous convaincre .

Du samedi 13 juillet 1782.

Je n'ai pu trouver que ce matin le moment d'aller voir le temple
de Thémis, ce lieu sacré où l'on rend la justice. et la cour des Pairs
où Sa Majesté tient son lit de justice, quand elle ne veut faire parler
que son autorité.

[1] Ces automates, très à la mode à la fin du XVIII° siècle, étaient sans doute dans
le genre des merveilleuses machines imaginées par Vaucanson, mort en cette
même année 1782.

L'entrée en est fort vilaine ; c'est, en général, un bâtiment imparfait. Malgré ses dimensions la grande chambre n'est pas aussi belle que celle de notre parlement de Bretagne dont les sièges sont infiniment plus élevés et plus larges. Les autres chambres sont petites et mal décorées. Le vestibule est très spacieux et se trouve séparé en deux dans toute sa longueur par des colonnes. Ce vestibule, ainsi que tout le tour du bâtiment, est garni de boutiques de joaillers superbement décorées.

Nous avons ensuite rendu quelques visites et l'après-midi nous avons été au faubourg Saint-Antoine voir la manufacture de papiers, entreprise considérable qui a produit, depuis qu'elle est établie, un million à son entrepreneur. Trois cents ouvriers y sont occupés les uns à dessiner, à préparer, à imprimer les papiers, les autres à les velouter, les sécher, rouler, etc.[1].

Nous sommes repassés par les boulevards où nous nous sommes promenés environ une heure ; après quelques moments de repos nous nous sommes retirés.

Du dimanche 14 juillet 1782.

Le moment de notre départ approche, cher ami, et nous nous empressons de ne rien laisser derrière nous qui puisse mériter notre attention sans l'avoir vu. Nous nous préparons au regret de quitter de si superbes choses.

Nous avons été ce matin entendre la grand'messe à la cathédrale. Malgré la balustrade qui sépare l'avant-chœur du chœur, notre air étranger nous a favorisés, au point que le suisse et les ecclésiastiques qui en ont la garde sont venus nous engager à pénétrer jusqu'à l'entrée.

Les chanoines, en violet et parements cramoisis, et les dignitaires, en rouge comme les cardinaux, sont placés comme partout ailleurs sur deux rangs. Il y a parmi eux des conseillers au parlement et des maîtres des requêtes. Au milieu du chœur et sur de hautes

[1] L'industrie des papiers peints commençait à prendre un grand développement ; outre la fabrique créée rue et porte Saint-Antoine, il existait une manufacture de papiers veloutés, en étoffe, en or en argent, rue Saint-Honoré, à l'hôtel d'Aligre, une manufacture de *papiers à la chinoise et de bon goût*, chez le sieur Arthur, à l'entrée du quai de Conti, etc.

stalles, sont les chapelains et les bénéficiaux ; du côté de l'autel, sont huit chanoines doyens à la tête desquels ont voit l'archevêque ; comme chanoine, il ne se met sous son dais que les jours de cérémonie. M. de Juigné, ce digne prélat[1], est de la plus haute stature.

Aussitôt la messe nous sommes partis pour Bagatelle, superbe pavillon construit en 1779 par M. le Comte d'Artois. Un de mes amis de Nantes, M. Angebault, m'avait procuré des billets d'entrée.

Le pavillon de Bagatelle est situé à l'extrémité du bois de Boulogne à deux lieues de Paris. On traverse d'abord un jardin anglais très curieux par les différents canaux qui le coupent avec de jolis ponts et des édifices champêtres formant point de vue. Après le grand commun, on passe dans la cour de chaque côté de laquelle sont deux terrasses élevées en gazon. Le pavillon est tout ce que la volupté peut créer de plus luxueux ; les appartements sont ovales et se composent de cinq pièces de plein pied et cinq en haut, tous en glaces et richement décorées de peintures. Les ameublements sont en perse et taffetas bleus garnis de chenil ; les garnitures de tous les meubles sont dorées et ciselées dans le meilleur goût ; les lambris sont en marbre doré. Enfin tout y est d'un prix infini. La salle de bains est aussi tout en glaces qui offrent par leur arrangement la plus agréable illusion. L'escalier, ménagé dans une très petite cage d'acajou à jour, est un chef-d'œuvre d'élégance.

Nous avons dîné chez M. Beaugeard[2], trésorier de Bretagne, où j'ai fait rencontre d'un jeune homme plein d'esprit qui, par ses connaissances, nous a singulièrement intéressés. Après le dîner nous avons été à la Comédie Italienne et nous avons achevé la soirée à la Redoute Chinoise.

Du lundi 15 juillet 1782.

Nous avons été ce matin nous assurer de nos places au carrosse pour Orléans et de la réception de nos effets que nous désirons voir arriver avant nous.

---

[1] Mgr de Juigné avait été nommé archevêque de Paris l'année précédente.

[2] Père du conventionnel Jean Beaugeard, député de l'Ille-et-Vilaine.

Une petite emplette nous ayant appelés dans l'enclos du Temple, dépendant du grand prieuré de France, nous avons été très surpris d'y apprendre que ce lieu est celui où tous les gens pressés par leurs créanciers vont se réfugier et se mettre à l'abri des poursuites et de la prise de corps ; ils n'ont la liberté d'en sortir que le dimanche, l'usage d'aller en ville les autres jours leur est absolument interdit[1].

Après notre dîner, nous sommes allés promener au jardin de feu M. de la Boissière, fermier général, situé à Clichy. Au milieu de ce jardin, il y a un pavilllon qui a servi de modèle à celui de M. le Comte d'Artois. Il se compose de cinq appartements, tous octogones ; les pavés et les pilastres sont en marbre ; tout autour règne une colonnade. Je ne parle pas des peintures et des dorures qui sont à profusion. Le jardin est très négligé, ainsi que les bosquets ; les pièces d'eau sont aussi en désordre.

A six heures, nous avons été, rue du Faubourg-du-Temple, voir une course de chevaux. Un jeune Anglais et une jeune Anglaise couraient alternativement sur deux chevaux, en s'y tenant debout au grand galop et faisant des équilibres merveilleux. Les spectateurs pressés en rang appartenaient à la meilleure compagnie. Ce spectacle en plein vent est fort joli.

Après une promenade sur les boulevards, nous nous sommes retirés à dix heures.

Du mardi 16 juillet 1782.

Notre première occupation du jour, mon cher confident, a été de faire conduire nos malles à la messagerie, où nous devons demain matin prendre la diligence d'Orléans[2]. Nous avons fait quelques

---

[1] L'hôtel du grand Prieur de Malte était l'un des derniers lieux privilégiés où se fut conservé le droit d'asile. Ce droit était si absolu qu'on ne pouvait arrêter un criminel dans l'enceinte du Temple, ni en vertu d'une ordonnance de prise de corps, ni même en vertu d'un ordre du Roi. Ce privilège exorbitant subsista jusqu'en 1789.

[2] Le bureau des Messageries était rue et Porte Saint-Denis. C'est de là que partaient les diligences.

« Il part de Paris une diligence pour Orléans les lundi, mardi, et vendredi. Va en un jour. »

« Nantes, Ancenis, etc. La messagerie part le mardi à 5 heures du matin et se rend en huit jours. » (*Almanach Royal* de 1782.)

emplettes de commodité pour la route et rendu visite aux différentes personnes de qui nous devions prendre congé.

J'ai été voir Monsieur Allaire[1], administrateur des domaines du roy, homme fort honnête avec qui j'ai passé quelques moments fort agréables et causé particulièrement sur l'objet des rachapts dus aux domaines du roy à Guérande, pour raison de mutations.

L'après-midi, j'ai été chez Belin, libraire rue Saint-Jacques. J'ai fait quelques achats de livres nouveaux, parmi lesquels j'ai pris le poème des *Jardins* par l'abbé Delile[2], ouvrage pittoresque et très-estimé qui vient de paraître, les *Anecdotes sur le voyage en France* de M. Le Comte et de Madame la Comtesse du Nord[3], le *Traité de la civilisation* de Monsieur l'abbé de la Croix[4].

De là j'ai traversé tout Paris, en suivant la longue rue Saint-Martin jusqu'à la foire Saint-Laurent. Après avoir parcouru les différents spectacles de ce lieu charmant, je lui ai fait mes adieux probablement éternels.

Rentrés ensuite à l'hôtel de Richelieu, nous avons reçu quelques amis qui sont venus nous souhaiter un bon voyage. Nous avons payé notre appartement 144 livres, comme nous en étions convenus, réglé et congédié nos domestiques et soldé nos autres comptes avec les différentes personnes qui nous ont été de quelque utilité pendant notre séjour.

Du mercredi 17 juillet 1782.

Un orage furieux a éclaté cette nuit et a inondé tout notre appartement ; un tonnerre affreux, accompagné d'éclairs très vifs, nous a empêchés de reposer. L'inquiétude de notre départ, jointe à cette circonstance, nous a fait passer une nuit très désagréable.

---

[1] Allaire (Julien-Pierre) administrateur général des domaines et bois, administrateur des forêts sous l'Empire (1742-1816)

[2] *Les jardins ou l'art d'embellir les paysages*, poème en 8 chants, 1780.

[3] Cet opuscule n'a pu être retrouvé.

[4] *Réflexions philosophiques sur l'origine de la civilisation et sur les moyens de remédier à ses abus*, 1778. Cet ouvrage a eu beaucoup de retentissement. Le célèbre avocat Delacroix y élevait une éloquente protestation contre les abus de la procédure du temps, et notamment contre latorture.

A trois heures du matin, nous nous sommes embarqués dans un fiacre qui nous a conduits au Grand-Cerf[1] et à quatre heures nous avons quitté Paris dans une diligence où nous étions huit personnes, pour nous rendre à Orléans. Nous avons été assez mal servis sur la route, les relais ayant retardé. A une heure nous sommes arrivés à Etampes, où nous avons fait un assez mauvais dîner, dans une auberge qui a l'habitude de maltraiter tous les voyageurs que la règle de la diligence y fait descendre.

La chaleur nous a accablés l'après-midi, par la gêne où nous étions dans cette voiture très dure, mal suspendue et trop étroite.

Il s'est trouvé parmi nos compagnons de voyage un homme aimable et instruit qui a contribué à nous rendre la route moins ennuyeuse. Nous sommes arrivés à onze heures à Orléans et, comme de coutume, on nous a déposés dans l'auberge qui reçoit la diligence. La quantité de personnes qui descendent à cette hôtellerie fait que, les soins se partageant entre tout ce monde, on y est fort mal[2].

Du jeudi 18 juillet 1782.

Nous nous sommes levés fort tard ce matin, ayant besoin de repos et Orléans ne fournissant rien de curieux aux étrangers. Nous sommes descendus sur le port, pour prendre avec des bateliers les arrangements de notre départ. Nous avons acheté, au prix de cinquante livres, une cabane[3] pour nous transporter à Nantes ; nous avons fait marché avec un marinier pour la conduire et sommes convenus avec lui de trente trois livres, à la charge en outre de le nourrir en pain, fromage, trois chopines de vin par jour et le restant de nos provisions.

M. le prince de Bourbon[4], pour qui on a préparé un grand dîner au Lion-d'Argent, notre auberge, y est arrivé à deux heures de

[1] Au bureau des Messageries, établi dans ce logis.

[2] De Paris à Étampes, 56 kilomètres : d'Étampes à Orléans 65 kilomètres.

[3] Nom donné aux bateaux qui servaient à cette époque de coches sur les cours d'eau.

[4] Louis-Joseph, colonel général de l'infanterie française, le même qui prit plus tard le nom de prince de Condé et périt en 1830 d'une mort tragique et mystérieuse.

l'après-midi et a continué sa route jusqu'à Blois. Ce prince va rejoindre M. le comte d'Artois à Madrid pour, de là, se rendre au siège de Gibraltar[1].

Nous avons été visiter la cathédrale, vaste église qui n'offre rien de curieux ; la nef est assez élevée, mais sans ornements. Nous sommes entrés dans l'église des Bénédictins qu'on nous avait vantée ; nous n'y avons rien vu de remarquable ; ce n'est même, à proprement parler, qu'une chapelle nue : il est à présumer que les moines de cette maison s'occupent plus à meubler leur cave et à orner leur réfectoire qu'à décorer leur église.

J'ai parcouru ensuite différents jardins qui renferment de belles pépinières d'arbres les plus variés.

Du vendredi 19 juillet 1782.

Nous mettons le pied dans le bateau, mon cher ami, à neuf heures ce matin. Nous quittons sans regret les rives d'Orléans pour voguer sur la Loire, fleuve qui va nous offrir les plus agréables points de vue. Amplement munis de bonnes provisions, nous ne craignons pas la famine ; la liberté de descendre à terre pour les renouveler nous en rend prodigues.

Nous n'avons pas été longtemps à perdre de vue les fameuses tours d'Orléans. Henri IV avait promis de les construire, mais elles n'ont commencé à être édifiées que par Louis XV, à la sollicitation de l'évêque, Mgr de Jarente, attributaire de la feuille des bénéfices[2].

Nous avons vu le long des rivages de la Loire de superbes coteaux et quelques belles maisons de campagne. Celle de l'évêque à quatre lieues de la ville, au milieu d'un bourg, offre un coup d'œil fort agréable par ses décorations extérieures.

Deux lieues plus bas est Beaugency, petite ville renommée par ses vins. On y aperçoit une vieille tour en ruine que la tradition

---

[1] Épisode de la guerre qui sévissait alors entre la France et l'Angleterre et qui ne prit fin que l'année suivante.

[2] Louis de Jarente de la Bruyère né en 1706, promu de l'évêché de Digne à celui d'Orléans, occupait encore ce siège en 1782, mais il n'avait plus la feuille des bénéfices.

dit avoir été bâtie par Jules César. Le vin du pays est agréable, léger mais froid ; j'en ai fait une petite provision pour apporter chez nous ; je le connais. du reste, pour en avoir bu en 1768 aux Etats extraordinaires de notre province, à Saint-Brieuc.

A une lieue en dessous, nous avons côtoyé une forêt appartenant à M. le duc d'Orléans et nous sommes arrivés à huit heures du soir a Saint-Dyé où nous avons passé la nuit dans une très mauvaise auberge. Les murailles de cette ville ont été abattues depuis peu, par les ordres de M. le Duc de Choiseul. A une lieue dans les terres se trouve le château de Chambord donné par le roy à M. le comte d'Artois[1].

Du samedi 20 juillet 1782.

Partis à cinq heures du matin, nous avons vu, sur la rive droite, une heure après notre départ, le château de Ménars bâti sur le bord du fleuve par Mme de Pompadour. Ce château. très régulier, est décoré d'avenues superbes et de différents pavillons épars dans les bois qui sont considérables. Les jardins sont ornés de points de vue. de staues et de terrasses en amphithéâtre étagées les unes sur les autres et qui descendent du château jusque sur les bords de la Loire[2]. Le château consiste en un vaste corps de logis, deux ailes et deux grands pavillons carrés.

A neuf heures, nous avons mis pied à terre à Blois et visité le fameux château bâti par les Guise[3] dans le goût gothique. A l'intérieur,les décorations sont du même style que l'architecture du dehors.

La cathédrale est grande, froide et n'a rien de remarquable. Le palais épiscopal, qui est à côté. est très beau, bien décoré et orné de superbes jardins en terrasse sur la Loire. Le palais du Présidial est fort vaste: la ville au surplus, vieille et mal bâtie, sans commerce, n'offre rien d'intéressant. Nous y avons renouvelé nos provisions.

A trois lieues au-dessous. sur un coteau de la rive gauche, nous

---

[1] Orléans à Beaugency 26 kil. Beaugency à Saint-Dyé 24 kilomètres.

[2] Le château de Ménars après avoir appartenu à la famille de Chimay, est aujourd'hui la propriété de M. Vatel.

[3] Le souvenir de l'assassinat de Henri de Guise fait faire une confusion au narrateur. Le château de Blois a été commencé par Louis XII et achevé par François Ier.

avons vu le château de Chaumont appartenant au sieur Leray[1] dit de Chaumont, homme qui a fait un fortune brillante dans les affaires de la cour. Ce vaste château, bâti à l'antique, est entouré de bois qui lui font un cadre magnifique.

Nous avons abordé à Amboise. jolie ville située sur la rive gauche et dominée par un vieux château dont plusieurs de nos rois on fait leur séjour. Charles VIII y a habité le dernier. On remarque dans la chapelle du roy de nombreuses statues en pierre, sculptées avec une délicatesse infinie.

Nous avons couché dans cette ville[2].

Du dimanche 21 juillet 1782.

Nous avons revu ce matin le château qui appartient aujourd'hui à M. le duc de Choiseul. Il y a une galerie qui, de la ville, s'élève en tournant jusque sur la plate-forme du château, à 150 pieds de hauteur ; le roy y montait en carrosse. Le noyau de cette galerie a neuf pieds d'épaisseur et quarante de circuit. On voit dans la chapelle un bois de cerf dont chaque branche a dix pieds de long et six d'ouverture ; on a conservé aussi deux côtes de cet animal qui ont cinq pieds de long ; le nœud du cou, qui ressemble à un billot, a un pied d'épaisseur. Ce cerf extraordinaire a été pris, paraît-il, dans la forêt d'Amboise.

Nous avons été voir le château de Chanteloup, superbe domaine au milieu des bois, avec des avenues et des pièces d'eau magnifiques. Les appartements sont splendides et plus beaux que ceux du roy ; les ameublements offrent la même richesse. A une heure nous avons vu M. le duc de Choiseul et Mme la duchesse se rendre à la messe, accompagnés de M. de Jarente, évêque d'Orléans, qui, depuis son exil de la cour, réside toujours dans son évêché.

Une des pièces les plus curieuses est le charmant boudoir de la duchesse. Le jardin anglais est admirable ; au milieu s'élève un moulin à vent qui tire l'eau d'un puits de trois cents pieds de profondeur.

[1] Grand maître des eaux et forêts, créateur des établissements céramiques de Chaumont.

[2] Saint Dyé à Blois 7 kilomètres Blois à Amboise 33 kilomètres.

En face du château se dresse une pyramide[1] de 130 pieds de hauteur, autour de laquelle sont sept galeries qui en font le circuit, et sept cabinets. Au second étage est une salle de marbre où M. le duc a fait graver en lettre d'or les noms de tous les seigneurs et personnes de considération qui l'ont visité, pendant son exil de la cour qui a duré de 1770 à 1774. Cette pyramide se termine par une boule d'or d'où l'on découvre un horizon de plus de vingt lieues.

Nous avons quitté Chanteloup à 2 heures, après y avoir passé quatre heures.

Nous avons continué à descendre la Loire jusqu'à Tours. Nous avons encore remarqué de charmantes maisons de campagne ; quelques-unes, taillées dans le roc, dont on n'aperçoit que les fenêtres et les cheminées à travers les vignes, offrent un coup d'œil singulier.

Du lundi 22 juillet 1782.

Tours nous a semblé une grande ville. Dans la partie du midi règne un mail qui a près d'un quart de lieue sablé. Au nord, le long de la Loire, on crée de nouvelles promenades qui imitent lès boulevards de Paris et qui seront charmantes un jour. L'intérieur de la ville est mal bâti, mais on y prend cependant le goût de l'architecture et la ville se charge de la façade des maisons neuves en alignement. Une rue nouvelle qui traverse la ville offre un beau coup d'œil ; elle a quatre-vingts pieds de large, avec un beau pavé au milieu et un trottoir de chaque côté. Cette rue, nommée la rue du Cluzel et de Choiseul, a pour point de vue au nord la Loire et au midi la route d'Espagne qui est fermée par une porte de fer où l'on paie les droits d'entrée.

La collégiale de Saint-Martin est la plus grande église ; elle est très ancienne, fort haute, mais sans décorations. Le tombeau de Saint-Martin, en grande vénération, est très simple. La cathédrale, dédiée à Saint-Gatien, est plus petite ; l'architecture du portail est remar-

---

[1] Plus exactement une pagode : elle est encore debout et c'est tout ce qui reste du célèbre château de Chanteloup, démoli en 1823, après avoir été transformé en usine à sucre par le comte Chaptal sous le premier empire.

[2] Amboise à Chanteloup 2 kilomètres ; Chanteloup à Tours 21 kilomètres.

quable. A l'entrée, on voit une horloge d'un travail très compliqué ; elle marque le calendrier, les jours du mois, les signes du Zodiaque, les phases de la lune ; un ange porte en bandoulière tous les jours de la semaine et le mouvement de l'horloge les fait apparaître successivement sur sa poitrine. Quand l'heure sonne, une cavalerie vient faire un tour sur un cercle et deux anges frappent sur le timbre.

Nous avons logé aux Trois-Barbeaux d'où nous sommes partis à dix heures. J'ai emporté une petite futaille d'un excellent vin blanc du pays que je me réserve de vous faire goûter, mon cher confident.

Nous sommes venus coucher à Langey, petite ville à six lieues de Tours. On y voit un ancien château dont les tours ont une élévation surprenante ; il a conservé toute sa beauté extérieure, mais l'intérieur en est fort laid et la cour très petite[1].

Du mardi 23 juillet 1782.

En partant de Langey, nous avons observé de très jolis coteaux sur la rive droite et plus bas, en approchant de Saumur, nous avons vu de grandes carrières.

La ville de Saumur, où nous avons mis pied à terre, est assez jolie, sans être considérable, avec un beau pont sur la Loire. Les Oratoriens y ont une fort belle église ; dans un rocher, se trouve une vierge sous le vocable de Notre-Dame-des-Ardilliers ; on vient la visiter de plus de vingt lieues à la ronde ; elle est en très grande vénération et passe pour miraculeuse.

Le château domine la ville et s'aperçoit de quatre lieues sur le fleuve. Les rues de Saumur sont propres sans être larges. A un quart de lieue au-dessous de la ville est la fameuse abbaye de Saint-Florent-le-Vieil et à côté la grande caserne des carabiniers, vaste bâtiment récemment reconstruit[2]. Il y a un très joli mail.

Nous sommes venus coucher, deux lieues plus bas, dans un petit bourg appelé Saint-Martin-de-la-Place où nous avons été fort mal logés[3].

[1] De Tours à Langeais 23 kilomètres.

[2] Le régiment des Carabiniers tint garnison à Saumur de 1763 à 1788.

[3] Langeais à Saumur 38 kilomètres. Saumur à Saint-Martin-de-la-Place 8 kilomètres.

Du mercredi 24 juillet 1782.

Partis de Saint-Martin-de-la-Place à six heures du matin, nous nous sommes arrêtés pour visiter l'abbaye de Saint-Maur, petite communauté où il n'y a que six religieux. L'église est souterraine et sans ornements ; un joli logis, bâti depuis peu, rend ce séjour fort riant.

Après avoir vu, le long de la Loire, plusieurs châteaux dans de très beaux sites, nous sommes descendus jusqu'aux Ponts-de-Cé, lieu fort désagréable. Des ponts d'un quart de lieu traversent le fleuve ; celui du milieu, par-dessous lequel on passe, est en bois et menace ruine : le gouvernement a donné des ordres pour le faire reconstruire en pierre. C'est un des plus grands passages qu'il y ait sur la Loire[1].

Du jeudi 25 juillet.

Partis des Ponts-de-Cé, nous nous sommes arrêtes au château du Mont-de-Jean et nous nous sommes rendus à la maison de force des Cordeliers, dans l'intention d'y voir M. Le Royer de la Poignardière, oncle de M. Le Royer, mon cousin. Ce vieillard respectable, qui y est détenu depuis vingt ans pour cause de démence, nous a singulièrement intéressés. Il porte la plus belle et la plus noble figure qu'il soit possible de voir, son teint est de lys et de roses avec des cheveux tout blancs, ses yeux sont encore très vifs, et ont un grand air de bonté. Le gardien nous a comblés de politesses.

Descendus à Ingrande, on y a légèrement visité nos malles. Nous nous sommes rafraîchis chez M. l'abbé Devrant, ecclésiastique de notre connaissance. Après nous être rembarqués, nous avons dû descendre à La Meilleraie, à deux lieues au-dessus d'Ancenis, à cause d'un orage affreux qui est survenu[2].

Nous avons passé une très vilaine nuit dans une méchante auberge, regrettant de n'avoir pu descendre jusqu'à Ancenis.

[1] De Saint-Martin-de-la-Place aux Ponts-de-Cé 30 kilomètres.
[2] Pont de Cé à Ingrande 30 kilomètres. Ingrande à La Meilleraie 14 kilomètres.

Du vendredi 26 juillet.

Partis de bon matin, nous avons abordé Ancenis à sept heures. Nous y sommes restés deux heures et nous ne sommes arrivés à Nantes qu'à sept heures du soir, sans aucun incident[1]. Nous avons pris des appartements garnis pour notre séjour à Nantes qui s'est prolongé jusqu'au 31 juillet.

Nous avons employé notre temps à visiter nos connaissances et nos amis, chez qui nous avons mangé tous les jours. N'ayant trouvé à revendre notre cabane que seize livres, je l'ai gardée pour mon compte, avec l'intention de la faire démolir.

Le jeudi au soir, nous sommes arrivés à Paimbœuf où nous avons mangé chez M. de Lucé. Nous sommes repassés, comme à notre départ, à Donges et à Montoir, où nous sommes arrivés pour la plus grande foire qui s'y tient le 3 août et qui attire beaucoup de monde. Le lendemain, 4 août, madame et moi, après avoir pris congé de nos hôtes, M. de Laubinais et sa mère, nous sommes revenus chez nous à Guérande, satisfaits de notre voyage de Paris : que Dieu nous y conserve en bonne santé !

Nous y avons retrouvé ma mère et nos enfants bien portants, dans la plus grande joie de nous revoir et nous pareillement.

Il ressort du journal qui précède que nos voyageurs ont mis sept jours pour aller de Nantes à Paris en chaise de poste, en passant par le Mans, soit une moyenne de 54 kilomètres par jour, et qu'il leur a fallu dix jours pour revenir de Paris à Nantes par la diligence et le coche d'eau, en passant par Tours. La diligence leur a fait parcourir 121 kilomètres en 19 heures et le coche d'eau 306 kilomètres en 8 jours, à raison de 38 kilomètres par jour. Pour franchir les mêmes distances en chemin de fer, il suffit aujourd'hui de 7 heures 34 minutes à l'aller et 7 heures 27 au retour.

En évaluant à 5 livres par jour et par personne le prix de la nourriture et de la couchée, le coût du voyage de nos deux ménages ressort à 240 livres ou 237 francs de notre monnaie, à l'aller, et 292 livres ou 288 francs 60 centimes au retour. Le même trajet en

---

[1] La Meilleraie à Ancenis 7 kilomètres. Ancenis à Nantes 33 kilomètres.

première classe coûte actuellement 44 francs 35 par personne, tant à l'aller qu'au retour, soit pour quatre personnes aller et retour 177 francs 40, au lieu de 525 francs 60

Le séjour à Paris a été de vingt-quatre jours. Le logement de la compagnie a coûté 144 livres, soit 1 franc 50 par jour et par personne. La dépense de la nourriture peut être évaluée à 4 livres par jour et par personne.

En tenant compte de ce fait que le pouvoir libérateur de l'argent était deux fois plus fort en 1782 qu'aujourd'hui, on est amené à constater que la vie des étrangers à Paris coûtait à peu près le même prix qu'actuellement, tandis que le voyage revenait trois fois plus cher.

Vannes — Imprimerie LAFOLYE, 2, place des Lices.

www.ingramcontent.com/pod-product-compliance
Ingram Content Group UK Ltd.
Pitfield, Milton Keynes, MK11 3LW, UK
UKHW021007120726
13693UKWH00004B/1833